空色の喫茶店

Recipe

クリームソーダ職人／
旅する喫茶 店主
tsunekawa

JN081814

はじめに

Prologue

一息ついて落ち着きたい時、
僕はおうち喫茶を楽しむことがあります。
クリームソーダやデザートを作って、
お気に入りの器を用意して、テーブルを整えて。

外に出たくない雨の日も
忙しくて出かけられない日も
少しの手間と時間をかけるだけで、
いつもの部屋が
とびきり居心地のよい場所に変わります。

この本では、おうち喫茶におすすめの
クリームソーダとデザートのレシピを集めました。

ちょっと疲れた時、アイデアに詰まった時、
仕事や勉強の合間に、自分へのご褒美に、
大切な人と過ごすとっておきの時間に……。

一番リラックスできる空間で、
大好きなものに囲まれて、おいしいものをいただく。
おうちだからこその幸せなひとときを
楽しんでいただけますように。

Contents

レシピを作る前に

氷は隙間なく入れる

氷はできるだけ隙間なくグラスに詰めると、アイスをのせた時に形が崩れにくくなります。

ステア、注ぐ時はそっと

シロップ、炭酸水をステアする時やグラスに注ぐ時は泡立たないようそっと行ってください。

グラスを振ってなじませる

手首のスナップを使って軽く振るとグラデーションもきれいになじみます。

ディッシャーは温める

ディッシャーをぬるま湯にさっと通してからアイスをすくうと、形がきれいに整います。

- クリームソーダはグラスのサイズによって分量が変わってくるため、本書では多めの分量を表記しております。
- 大さじ1=15mℓ（15cc）、小さじ1=5mℓ（5cc）です。
- 電子レンジの加熱時間は600Wのものを使用した場合の目安です。
- 「洗う」「皮をむく」「へたを取る」などの基本的な下ごしらえは省略しております。
- レシピには目安となる分量や調理時間を表記しておりますが、食材や調理道具によって個体差がありますので、様子を見ながら加減してください。
- 道具はきれいに拭いてから使用してください。水分や油分がついていると生地が分離したり、傷んだりする原因になります。
- シロップなどの保存期間は、容器を煮沸消毒して清潔な道具を使用し、衛生面に気をつけて作った場合の目安です。保存状態により変わることがありますので、ご注意ください。

Chapter **1**   *am 06:00*
~
am 00:00

朝陽が昇る頃、
夜明け前の青に暖かな光が
混ざり合う。

*am06:00*の
クリームソーダ

Dawning first light

材料（1杯分）

〈オレンジソーダ〉
赤色シロップ ……… 17.5㎖（小さじ3と½）
黄色シロップ ………… 2.5㎖（小さじ½）
炭酸水 ……………………………… 40㎖

〈青色ソーダ〉
赤色シロップ …… 12.5㎖（小さじ2と½）
青色シロップ …… 7.5㎖（小さじ1と½）
炭酸水 …………………………… 120㎖

氷 …………………………………… 適量
バニラアイス …………………… 適量
さくらんぼ ……………………… 1個

作り方

1 オレンジソーダ、青色ソーダの
材料をそれぞれ別の計量カップ
に入れ、そっと混ぜる。

2 グラスにオレンジソーダを注ぎ、
氷をそっと入れる。

3 青色ソーダをそっと注ぐ。

4 バニラアイスをのせ、さくらんぼ
を添える。

僕らは浅い夢を眺めている。
それは透明で淡い色の夢だ。

pm04:00の
クリームソーダ

Daydream

材料（1杯分）

〈水色ソーダ〉
透明シロップ ························· 15㎖
青色シロップ ························· 5㎖
炭酸水 ································ 30㎖

〈透明ソーダ〉
透明シロップ ························· 20㎖
炭酸水 ······························ 130㎖

氷 ······························· 適量
ホイップクリーム ··············· 適量
さくらんぼ ·························· 1個

作り方

1 水色ソーダ、透明ソーダの材料
をそれぞれ別の計量カップに入
れ、そっと混ぜる。

2 グラスに水色ソーダを注ぎ、氷
をそっと入れる。

3 透明ソーダをそっと注ぐ。

4 ホイップクリームをしぼり、さく
らんぼを添える。

陽が落ちて、
薄紫に染まる空が
グラスに溶けていく。

*pm05:00*の
クリームソーダ

Sunset

材料（1杯分）

〈薄紫色シロップ〉
赤色シロップ
　………… 7.5mℓ（小さじ1と½）
青色シロップ
　………… 2.5mℓ（小さじ½）
透明シロップ ………… 30mℓ

炭酸水 …………… 160mℓ
氷 ………………… 適量
バニラアイス ……… 適量
ミント …………… 適量

作り方

1 計量カップに薄紫色シロップの
　材料と炭酸水を入れ、そっと混
　ぜる。

2 グラスに氷を入れる。

3 *1*の炭酸水をそっと注ぐ。

4 バニラアイスをのせ、ミントを添
　える。

もうすぐ夜がくる時間。
茜空はやがて青く染まって
夜を迎えにいく。

pm06:30の
クリームソーダ

After dark

材料（1杯分）

〈紫色ソーダ〉
赤色シロップ ················· 15mℓ
青色シロップ ··················· 5mℓ
炭酸水 ·························· 30mℓ

〈青色ソーダ〉
青色シロップ ················· 10mℓ
赤色シロップ ················· 10mℓ
炭酸水 ························ 130mℓ

氷 ····························· 適量
バニラアイス ··············· 適量
さくらんぼ ····················· 1個

作り方

1 紫色ソーダ、青色ソーダの材料
   をそれぞれ別の計量カップに入
   れ、そっと混ぜる。

2 グラスに紫色ソーダを注ぎ、氷
   をそっと入れる。

3 青色ソーダをそっと注ぐ。

4 バニラアイスをのせ、さくらんぼ
   を添える。

暗闇の中で月を眺めていたんだ。
誰かがそこに藍を落として
色のない世界に深い青が生まれた。

am00:00 の
クリームソーダ

Midnight

材料（1杯分）

〈濃紺色シロップ〉
青色シロップ ················· 35㎖
グレナデンシロップ ··········· 5㎖
竹炭パウダー（食用）·········· 0.05g

炭酸水 ···························· 160㎖
氷 ······························· 適量
バニラアイス ····················· 適量
ミント ···························· 適量

作り方

1 計量カップに濃紺色シロップの
　　材料と炭酸水を入れ、そっと混
　　ぜる。

2 グラスに氷を入れる。

3 *1*の炭酸水をそっと注ぐ。

4 バニラアイスをのせ、ミントを添
　　える。

Memo

竹炭パウダーはほんの少し入れ
るだけで深い夜の色味になります。
竹炭パウダーなしで作りたい場合
は、青色シロップとグレナデンシ
ロップの量を調整し、お好みの深
い青を作ってみてください。

道具のこと

シロップは一年中手に入れ
やすい明治屋のものを愛用
しています。

　クリームソーダを作る時に必
要なのは計量カップ、計量スプ
ーン、ディッシャー、グラスだけ。
　計量カップと計量スプーンは
大小それぞれ用意するのがおす
すめです。1mℓ単位をはかれる
計量スプーンがあるとより便利。
　ディッシャーはグラスの口径
に合わせて選びます。アイスの
横にさくらんぼを添える時は口
径より1cm小さく、アイスの上に
トッピングする時は0.5cmくらい
小さいものがベストです。
　本書では400mℓほどのグラス
を使用していますが、お好みの
もので構いません。サイズに合
わせて分量を調整してください。
　また、トッピングする時は細
かい作業になるので、僕はピン
セットを使っています。
　でも、何より一番大切なのは
楽しむこと。ディッシャーがなか
ったらスプーンでもいいですし、
計量スプーンがなかったら好み
の色になるよう調整すればOK。
みなさんにもクリームソーダを作
る、ときめく時間を楽しんでい
ただけたらうれしいです。

Chapter *2*

海と空

Sea & Sky

エメラルド
グリーンの海の
クリームソーダ

Emerald green sea

静かな海にそっと身体を委ねると
そこは翠色の世界。
水底から溢れる泡は
ソーダの泡のよう。

材料（1杯分）

〈エメラルドシロップ〉
透明シロップ
　　　　　　 34㎖（小さじ6と¾強）
青色シロップ ……………………… 5㎖
緑色シロップ …… 1㎖（小さじ¼弱）

炭酸水 ……………………………… 160㎖
氷 …………………………………… 適量
バニラアイス ……………………… 適量
さくらんぼ ……………………………… 1個

作り方

1 計量カップにエメラルドシロッ
　　プの材料と炭酸水を入れ、そ
　　っと混ぜる。

2 グラスに氷を入れる。

3 *1*の炭酸水をそっと注ぐ。

4 バニラアイスをのせ、さくらん
　　ぼを添える。

Memo

材料が1㎖単位の場合は1㎖用の計量
スプーンがあると便利です。ない場合
はお好みの色になるよう、調整しなが
ら作ってもOKです。

いつからか目に映るものすべてが
無彩色になっていた僕の世界に
クリームソーダが魔法のように色をつけてくれた。

魔法シロップの
クリームソーダ

Magic syrup

材料（1杯分）

〈オレンジシロップ〉　　　〈水色ソーダ〉
黄色シロップ ……… 10mℓ　透明シロップ ……… 10mℓ
赤色シロップ ……… 10mℓ　青色シロップ ……… 10mℓ
　　　　　　　　　　　　炭酸水 ……………… 80mℓ

〈黄色ソーダ〉
黄色シロップ ………… 5mℓ　氷 ………………… 適量
炭酸水 …………… 10mℓ　バニラアイス ……… 適量
　　　　　　　　　　　　ミント ……………… 適量

Memo

こちらのレシピは300mℓ
くらいの小さめのグラス
を使用しています。お使
いのグラスのサイズによ
ってシロップの量は調整
してください。

作り方

オレンジシロップ、黄色ソーダ、水色
ソーダの材料をそれぞれ別の計量カッ
プに入れ、そっと混ぜる。

グラスにオレンジシロップを注ぎ、氷
を半分ほどそっと入れる。

黄色ソーダをそっと注ぐ。

グラスに残りの氷をそっと加える。

水色ソーダをゆっくり注ぐ。1か所から
注ぐのではなく、色の混ざり具合を見
ながら回し入れるようにする。

バニラアイスをのせ、ミントを添える。

深海のクリームソーダ

Deep sea

グラスの中は小さな宇宙、
はたまた世界の一番深いところ。
深い暗闇の中で泡は星のように音を立てて弾ける。

材料（1杯分）	作り方
〈深海シロップ〉	*1* 計量カップに深海シロップの材料と炭酸水を入れ、そっと混ぜる。
赤色シロップ …………………… 30mℓ	
青色シロップ …………………… 10mℓ	
炭酸水 ………………………… 160mℓ	*2* グラスに氷を入れる。
氷 ……………………………… 適量	
バニラアイス ………………… 適量	*3* *1* の炭酸水をそっと注ぐ。
さくらんぼ …………………… 1個	*4* バニラアイスをのせ、さくらんぼを添える。

憂鬱な雨の日には
クリームソーダを作りたくなる。
せめてグラスの中だけでも
晴れの日も注いで。

雨色と晴天のクリームソーダ

Rain & Sunny

材料（2杯分）

〈雨色ソーダ〉
青色シロップ
………………… 38㎖（小さじ7と2/3弱）
緑色シロップ
………………… 2㎖（小さじ1/3強）
炭酸水 ……………… 160㎖

〈晴天ソーダ〉
青色シロップ …………… 40㎖
炭酸水 ………………… 160㎖

氷 ………………………… 適量
バニラアイス ……………… 適量
ホイップクリーム ………… 適量
さくらんぼ ……………… 1個
ミント …………………… 適量

作り方

1 雨色ソーダ、晴天ソーダの材料をそれぞれ別の計量カップに入れ、そっと混ぜる。

2 2つのグラスに氷を入れる。

3 1の雨色ソーダと晴天ソーダをそれぞれそっと注ぐ。

4 バニラアイスをのせ、上にホイップクリームをしぼり、さくらんぼ、ミントを添える。

オーロラのゼリー

Aurora jelly

夜明けと希望をもたらすと言われる
その幻想的で神秘的な輝きを
グラスの中にそっと閉じ込める。

材料（3人分）

A｜ 粉寒天 ……………………… 3g
 ｜ 水 …………………… 450mℓ

〈緑色シロップ〉
緑色シロップ ……………… 30mℓ

〈黄緑色シロップ〉
黄色シロップ ……………… 20mℓ
緑色シロップ ……………… 10mℓ

〈紫色シロップ〉
赤色シロップ ……………… 25mℓ
青色シロップ ………………… 5mℓ

あまり細かくしすぎず、食感が残るよ
うにクラッシュしてください。

グラスを傾けながらスプーンを差し込む
ようにして、ランダムにゼリーを入れます。

作り方

1 小鍋にAを入れて中火にかけ、
ゆっくり混ぜながら沸騰させる。

2 極弱火にして、透明感が出るま
で、混ぜながら1〜2分煮詰める。

3 バットに3等分になるよう流し入
れ、それぞれに緑色、黄緑色、
紫色シロップを注ぎ、混ぜる。

4 粗熱がとれたら、冷蔵庫で2時
間ほど冷やし固める。

5 フォークでつぶすようにゼリーを
細かく砕く。

6 色のバランスを見ながら、グラ
スにスプーンで3色のゼリーを入
れる。

Memo

そのまま食べてもおいしいですが、サイ
ダーにレモン果汁を加えたものを注げば、
さっぱりした爽快感があり、炭酸とゼリ
ーの喉越しのコントラストが効いたゼリ
ーポンチになります。

夜空のレアチーズケーキ

Night sky cheesecake

星の見えない夜は

チーズケーキの小さな空に

こぼれ落ちそうな満天の星を浮かべる。

材料（直径18cmの底の抜けるタイプの丸型1台分）

※直径10cmの型なら2個分、
　直径6cmの容器なら6個分の分量です。

〈台〉
好みのビスケット ……………… 80g
バター ……………………………… 30g

〈生地〉
A ｜ 粉ゼラチン …………………… 10g
　 ｜ 水 ………………………… 大さじ4

B ｜ 生クリーム ………………… 200mℓ
　 ｜ 砂糖 ……………………………… 70g

クリームチーズ（常温に戻す）
　　　　　　　　　　　　　 200g

C ｜ プレーンヨーグルト …… 100g
　 ｜ レモン果汁 ………………… 大さじ1

バニラエッセンス ……………… 適量

〈夜空のゼリー〉
粉ゼラチン ………………………… 5g
熱湯 ………………………………… 100mℓ

D ｜ 青色シロップ ……………… 25mℓ
　 ｜ 赤色シロップ ……………… 25mℓ

金箔 ………………………………… 適量

台を作る。ビスケットを袋に入れ、麺棒で細かく砕く。

バターは電子レンジで20〜30秒加熱して溶かし、*1*の袋に加えてもみ込む。

クッキングシートを底の形に切って型に敷き、*2*を入れ、食器の底などで押さえて敷き詰める。

生地を作る。Aのゼラチンを水に振り入れ、ふやかしておく。

ボウルにBを入れ、泡立て器で8分立てにする。

別のボウルにクリームチーズを入れ、泡立て器でクリーム状になるまで混ぜる。

*6*のボウルにC、*5*の生クリーム（2〜3回に分ける）、バニラエッセンスを順に加え、その都度泡立て器でしっかり混ぜる。

*4*のふやかしたゼラチンを電子レンジで30秒ほど加熱して溶かす。*7*に加え、よく混ぜる。

9

生地を3回濾してから型に流し入れ、
冷蔵庫で3時間ほど冷やし固める。

10

夜空のゼリーを作る。ゼリーのゼラチ
ンを熱湯に振り入れて溶かし、Dを加
えて混ぜる。

11

粗熱がとれたら、冷やし固めた9にま
んべんなく流し入れ、冷蔵庫で1時間
ほど冷やし固める。

12

ゼリーの表面に、水をつけながらティ
ースプーンで金箔をバランスよくちりば
める。

グラスを器代わりにして作るのもおすすめです。

Chapter 3

きらめく

Glitter

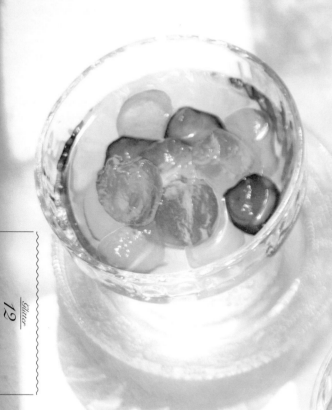

かき氷シロップのわらびもち

Colorful dumpling

浮かぶ宝石は幼い頃を思い出す
きらめくビー玉のよう。
サイダーを注いだら
弾けるような夏の足音が聴こえる。

材料（2〜3人分）

わらびもち …… 1パック（200g）
シロップ（好みの色を3種類）
　……………………………… 各適量
サイダー ……………………… 適量

作り方

1 小さめの容器にわらびもちを3等分に入れる。

2 好みの色のシロップをひたひたに注ぎ、わらびもちに色がつくまで半日ほど冷蔵庫で冷やす。

3 器に色のバランスを見ながら入れ、サイダーをそっと注ぐ。

ここでは3色にしましたが、お好みの色数で作ってみてください。

思い出の中にしまい込んでいた
愛おしい小さなキラキラを
ひとつずつ集めてみた。

きらめく牛乳寒天

Twinkling milk agar jelly

材料（直径15cmの底の抜けないタイプの丸型1台分）

A │ グラニュー糖 …………………………………… 60g
　 │ 水 ………………………………………………… 150mℓ

粉寒天 ………………………………………………… 4g
牛乳（常温に戻す）………………………………… 300mℓ

B │ グラニュー糖 …………………………………… 60g
　 │ 水 ………………………………………………… 450mℓ

粉寒天 ………………………………………………… 4g
青色シロップ、緑色シロップ、赤色シロップ
　　　　　　………………………………………… 各20mℓ

C │ 粉寒天 …………………………………………… 1g
　 │ 水 ………………………………………………… 100mℓ

レモン果汁 ………………………………………… 小さじ½

小鍋にAを入れて中火にかけ、ゆっくり混ぜながら沸騰させる。

極弱火にして寒天を入れ、透明感が出るまで、混ぜながら1〜2分煮詰めて火を止める。

牛乳を加えて混ぜ、型に流し入れる。粗熱がとれたら、冷蔵庫で2時間ほど冷やし固める。

小鍋にBを入れて中火にかけ、ゆっくり混ぜながら沸騰させる。

極弱火にして寒天を入れ、透明感が出るまで、混ぜながら1〜2分煮詰める。

計量カップに3等分になるよう流し入れ、それぞれにシロップを加えてそっと混ぜる。

流し缶などの容器に流し入れ、粗熱がとれたら、冷蔵庫で2時間ほど冷やし固める。

7を容器から出して、1.5cmサイズの角切りにする。

Memo

型から出す時は、竹串で周りを1周して
から外すときれいにできます。

9

3 の牛乳寒天の上に色のバランスを見
ながら敷き詰める。端の隙間は寒天を
三角形に切って差し込む。

10

Cを *4〜5* と同様に煮詰め、レモン果
汁を加える。55〜60℃に冷まして *9* に
流し、冷蔵庫で2時間ほど冷やし固める。

昼下がり、木漏れ日のきらめき。

すくい取った夏のはじまりは、

口に含むとすっと溶けて消えていった。

フルーツの九龍球
Fruit jelly ball

材料（2〜3人分）

A 砂糖 ················· 20g
  アガー ················· 5g
  水 ················· 200㎖

レモン果汁 ········· 小さじ1と½
フルーツ缶（好みのものでOK）
················· 適量
サイダー ················· 適量
ミント ················· 適量

作り方

1 小鍋にAを入れて中火にかけ、ゆっくり混ぜながら沸騰させる。

2 火を止め、レモン果汁を加えて混ぜる。

3 丸い形のシリコン型に流し入れ、フルーツを1つずつ入れる。

4 粗熱がとれたら、冷蔵庫で3時間ほど冷やし固める。

5 型から出して器に入れ、サイダーをそっと注ぎ、ミントを添える。

直径4cmの氷用の型を使用しました。
球体ではなく、半球で作っています。

紅く色づく1杯が
満たされない心を
優しい色に染めていく。

ルビーの
クリームソーダ

Ruby

材料（1杯分）

〈ルビーシロップ〉
赤色シロップ ……… 37.5㎖（小さじ7と½）
青色シロップ ……………… 2.5㎖（小さじ½）

炭酸水 …………………………………… 160㎖
氷 ……………………………………………… 適量
バニラアイス …………………………… 適量
さくらんぼ ……………………………… 1個
ミント ……………………………………… 適量

作り方

1 計量カップにルビーシロップの材
　 料と炭酸水を入れ、そっと混ぜる。

2 グラスに氷を入れる。

3 1の炭酸水をそっと注ぐ。

4 バニラアイスをのせ、さくらんぼと
　 ミントを添える。

グラスの中は

深い青に包まれた世界。

夜空を映した宝石の名前。

タンザナイトのクリームソーダ

Tanzanite

材料（1 杯分）

〈タンザナイトシロップ〉
青色シロップ ·················· 20㎖
赤色シロップ ·················· 20㎖

炭酸水 ·················· 160㎖
氷 ·················· 適量
バニラアイス ·················· 適量
さくらんぼ ·················· 1個

作り方

1 計量カップにタンザナイトシロップ
の材料と炭酸水を入れ、そっと混
ぜる。

2 グラスに氷を入れる。

3 *1*の炭酸水をそっと注ぐ。

4 バニラアイスをのせ、さくらんぼを
添える。

白く透明に輝く小さな球体を
グラスに何粒も落としていく。
浮かんでは溶けて消えていく
はかないきらめき。

パールの
クリームソーダ

Pearl

材料（1杯分）

〈カルピスソーダ〉
カルピス（原液）……………… 20㎖
炭酸水 ……………………………… 30㎖

〈透明ソーダ〉
透明シロップ ………………… 20㎖
レモン果汁 …………… 小さじ½
炭酸水 ……………………………… 130㎖

バニラアイス ………………… 適量
ミント ……………………………… 適量

作り方

1 丸い形のシリコン型に水適量
（分量外）を入れ、氷を作って
おく。

2 カルピスソーダ、透明ソーダ
の材料をそれぞれ別の計量カ
ップに入れ、そっと混ぜる。

3 グラスにカルピスソーダを注
ぎ、*1* の氷をそっと入れる。

4 透明ソーダをそっと注ぐ。

5 バニラアイスをのせ、ミントを
添える。

直径2cmの氷用の型を使用
しました。取り出しやすいシ
リコン製がおすすめです。

おうち喫茶について

誰でも気軽に楽しめるのが、おうち喫茶のいいところ。ケーキだって作るのではなく買ってきて、少しだけこだわってお皿に盛りつけるだけでも、幸せな時間を過ごせます。

器は100円ショップにも素敵なものがたくさんありますし、もっといろいろ見たいと思ったら、かっぱ橋や古道具屋さんをのぞいてみるのも楽しいです。僕は旅をしたら、現地の商店街のお店を巡ることがあります。そこで、魅力的な昔の器が埃をかぶって

いるのを見つけることも。

テーブルクロスは作るのも実は簡単なので、好きな布で作ってみてもいいかもしれません。

友人を招いて一緒におうち喫茶をするのもおすすめ。来てくださる方のことを考えて準備をするのはとても幸せな時間です。全部準備しておくのではなく、少しだけ手伝ってもらう余白を残しておいて、一緒に作ったり、盛りつけたり、共同作業するのもおうち喫茶ならではの素敵な過ごし方だと思います。

Chapter *4*

花

Flower

花の結晶の
クリームソーダ

Flower crystal

花の美しさは有限で
はかなく、脆い。
やがて朽ちていくと知りながら、
永遠の結晶に閉じ込めた。

材料（1杯分）

〈紫色シロップ〉
赤色シロップ 30mℓ
青色シロップ 10mℓ

炭酸水 160mℓ
氷 .... 適量
バニラアイス .... 適量
花の結晶 .... 適量
ミント .... 適量

花の結晶

材料（作りやすい分量）

水 200mℓ

A｜グラニュー糖 300g
　｜粉寒天 5g

エディブルフラワー .... 適量

作り方

花の結晶を作る。小鍋に水を入れ、中火にかけて沸騰させ、極弱火にしてAを加える。

透明感が出るまで、混ぜながら1〜2分煮詰めて火を止める。

バットに流し込み、55〜60℃になり、粘度が出てくるまで冷ます。

エディブルフラワーはボウルに張った水できれいに洗い、キッチンペーパーの上に置いて水気を切る。

ピンセットで形を整えながら、バットにエディブルフラワーをバランスよく入れる。
※バットから出したときに上を向くよう、下向きに入れるとやりやすい。

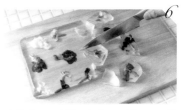

冷蔵庫で2時間ほど冷やし固める。竹串で周りを1周してバットから出し、好みの形に切る。

クリームソーダを作る。計量カップに紫色シロップと炭酸水を入れ、そっと混ぜる。

グラスに氷を入れる。

Memo

花の結晶は琥珀糖のような味わい。
冷蔵で1週間程度保存可能です。

9 の炭酸水をそっと注ぐ。

バニラアイスをのせ、花の結晶とミント
を添える。

淡く染まるグラス。
しとやかに香るのは
春の移ろいを告げる
夢見心地のバラの花。

バラシロップの
クリームソーダ

Rose syrup

材料（1杯分）

バラシロップ ………………	40mℓ
炭酸水 ………………………	160mℓ
氷 …………………………	適量
バニラアイス ………………	適量
ミント ………………………	適量

作り方

1 計量カップにバラシロップと
炭酸水を入れ、そっと混ぜる。

2 グラスに氷を入れる。

3 *1* の炭酸水をそっと注ぐ。

4 バニラアイスをのせ、ミントを
添える。

バラシロップ

材料（作りやすい分量）

バラの花びら ………………	30g
A｜水 ………………………	300mℓ
｜砂糖 ……………………	300g
レモン（輪切り）……………	3枚

作り方

1 バラの花びらは水で優しく丁
寧に洗い、水気を切る。

2 小鍋にAを入れて中火にかけ、
混ぜながら沸騰させる。極弱
火にして、砂糖が完全に溶け
て透明になるまで混ぜながら
煮て、火を止める。

3 煮沸消毒した耐熱密閉容器に
1 を入れ、レモンを加える。

4 粗熱がとれたら、*2* の砂糖水
を *3* に注ぐ。

5 1日ほど冷暗所に置き、レモ
ンを取り出す。

バラシロップは冷蔵で1週間程度保存可
能です。

陽が沈みゆく空をあなたは見上げた。
色のない世界で桜を僕は見ていた。
溶け合い重なり、
やがて世界は深い色に包まれた。

二藍の
クリームソーダ

Deep purple

材料（1杯分）

〈青色色素水〉
※青色色素水のみ作りやすい分量（2杯分）となっています。

水 ……………………………… 10mℓ
食用色素 青（共立食品のものを使用）
　……………… 0.05g（付属の小スプーン半量）

さくらシロップ（MONINのものを使用）
　………………………………… 40mℓ
炭酸水 ……………………… 160mℓ
氷 ………………………………… 適量
バニラアイス ………………… 適量

作り方

1 青色色素水の材料を混ぜる。

2 計量カップにさくらシロップ
　　と *1* の青色色素水5mℓ、炭
　　酸水を入れ、そっと混ぜる。

3 グラスに氷を入れる。

4 *2* の炭酸水をそっと注ぐ。

5 バニラアイスをのせる。

水気をまとった夏風が
窓辺を通り過ぎた。
深緑の木々をグラスにそっと映しとる。

夏の緑の
クリームソーダ

Summer green

材料（1杯分）

〈夏緑シロップ〉
※夏緑シロップのみ作りやすい分量（2杯分）となっています。

透明シロップ	30㎖
青色シロップ	7.5㎖（小さじ1と½）
緑色シロップ	2.5㎖（小さじ½）

炭酸水	30㎖

A	透明シロップ	20㎖
	炭酸水	120㎖
	レモン果汁	小さじ1

氷	適量
バニラアイス	適量
さくらんぼ	1個

作り方

1 夏緑シロップの材料を混ぜる。

2 計量カップに夏緑シロップ20㎖と炭酸水を入れ、そっと混ぜる。

3 別の計量カップにAを入れ、そっと混ぜる。

4 グラスに*2*を注ぎ、氷をそっと入れる。

5 *3*の炭酸水を⅓量ほどそっと注いだら、グラスを持ち、円を描くように軽く回してグラデーションを作る。

6 *3*の炭酸水の残りを、下の炭酸水と混ざりすぎないようにそっと注ぐ。

7 バニラアイスをのせ、さくらんぼを添える。

金木犀のクリームソーダ

Fragrant olive

心の中に小さくしまい込んでいた過ぎ去った思い出。
懐かしいほのかな香りに
忘れようとしていた季節が巡りはじめる。

材料（1 杯分）

金木犀シロップ	50㎖
炭酸水	150㎖
氷	適量
バニラアイス	適量
さくらんぼ	1個

作り方

1 計量カップに金木犀シロップと炭酸水を入れ、そっと混ぜる。

2 グラスに氷を入れる。

3 *1* の炭酸水をそっと注ぐ。

4 バニラアイスをのせ、さくらんぼを添える。

金木犀シロップ

材料（作りやすい分量）

A	水	100㎖
	砂糖	50g
	はちみつ	50g
	金木犀（乾燥）	2g
B	食用色素 赤	
	（共立食品のものを使用）	
		0.05g
	（およそ付属の小スプーン半量）	
	食用色素 黄	
	（共立食品のものを使用）	
		0.05g
	（およそ付属の小スプーン半量）	
	湯	10㎖

作り方

1 小鍋にAを入れて中火にかけ、混ぜながら沸騰させる。極弱火にして、砂糖が完全に溶けて透明になるまで混ぜながら煮て、火を止める。

2 50℃くらいになるまで冷まし、金木犀を入れて混ぜ、10分ほど置く。

3 Bを混ぜて溶かし、*2* に加えて混ぜる。

4 濾して、煮沸消毒した耐熱密閉容器に入れる。

乾燥の金木犀はネットなどで購
入できます。桂花茶という名前
［で売られ］ている場合もあります。

金木犀シロップは冷蔵で1週間
程度保存可能です。

写真の撮り方

クリームソーダやデザートは写真を撮るのも楽しみの一つ。ここでは僕なりのちょっとしたコツをお伝えしようと思います。

まずおすすめは、情報量を減らすこと。小道具を入れるとバランスやフォーカスが難しいですが、空抜けや無地の壁の前でシンプルに撮るとそれだけで素敵な写真になります。

クリームソーダはアイスの断面が見えないよう、真横より少しだけ上から撮るのがポイント。背景はクリームソーダが淡い色なら薄い色に。濃い場合や炭酸を写したい時は、黒やグレーなど濃い色も試してみてください。

また、いろいろな角度から撮ると思ってもみなかった魅力的な写真になることも。ソーダ部分やデザートのきらきらした一部分に寄ったり、手に持ったり。クリームソーダのアイスが溶けてきた瞬間も素敵です。

最近ではスマートフォンのカメラでもとてもきれいな写真を撮れます。あればポートレートモードを使うのもおすすめです。

Chapter *5*

フルーツ

Fruits

丸ごと桃クリームソーダ

Whole peach

女神が理想郷で育てる神秘の果実。
丸ごとハーブで漬け込んだら
その魅惑の味わいにとろけてしまいそう。

材料（1杯分）

桃	½個
桃シロップ	50mℓ
炭酸水	150mℓ
氷	適量
バニラアイス	適量
ミント	適量

作り方

1 桃はひと口大に切る。

2 計量カップに桃シロップと炭酸水を入れ、
そっと混ぜる。

3 *1* の桃と氷を、バランスを見ながらグラ
スに入れる。

4 *2* の炭酸水をそっと注ぐ。

5 バニラアイスをのせ、ミントを添える。

桃シロップ

材料（作りやすい分量）

桃	1個
A　水	カットした桃の半量
砂糖	カットした桃と同量
レモン（輪切り）	½個分
ローズマリー	適量

桃シロップはできあがってから、
冷蔵で1週間程度保存可能です。

作り方

1 桃はひと口大に切り、煮沸消毒した耐熱
密閉容器に入れる。

2 小鍋にAを入れて中火にかけ、混ぜながら
沸騰させる。極弱火にして、砂糖が完全に
溶けて透明になるまで混ぜながら煮て、火
を止める。

3 粗熱がとれたら、*2* の砂糖水を *1* に注ぐ。

4 レモンとローズマリーを加える。

5 1週間ほど冷蔵庫に置き、時々瓶を振っ
て混ぜる。

Memo

桃シロップで残った果肉はその
まま食べてもおいしいですし、
いちごのヨーグルトカッサータ
（P.74）のレシピの応用で、い
ちごの代わりに使っても楽しめ
ます。

果汁たっぷりの
グレープフルーツ
サワー

Fresh grapefruit

遠い世界の海には
グレープフルーツの島が浮かんでいて、
小人が果実を食べながら
旅をしているかもしれない。

材料（1杯分）

グレープフルーツ	½個
焼酎	50㎖
炭酸水	150㎖
グレープフルーツの はちみつ漬け	適量
氷	適量
ローズマリー	適量

作り方

1　グレープフルーツは果汁をしぼる。

2　計量カップに1、焼酎、炭酸水を入れ、そっと混ぜる。

3　グレープフルーツのはちみつ漬けと氷を、バランスを見ながらグラスに入れる。

4　2の炭酸水をそっと注ぐ。

5　ローズマリーを添える。

グレープフルーツのはちみつ漬け

材料（作りやすい分量）

グレープフルーツ	1個
はちみつ	グレープフルーツの果肉と同量
ローズマリー	適量

作り方

1　グレープフルーツは薄皮を除き、果肉を取り出す。

2　1の果肉、はちみつ、ローズマリーを煮沸消毒した耐熱密閉容器に入れ、半日ほど冷蔵庫に置く。

グレープフルーツのはちみつ漬けは冷蔵で1週間程度保存可能です。

Memo

グレープフルーツのはちみつ漬けで残ったシロップは炭酸と割っても楽しめます。甘めのお酒が好きな方はレシピに加えてもOKです。

ずっと夕暮れの街があるって知ってる？
そこではきっと熟したバナナのような
金色の風が吹いているんだ。

完熟バナナのクリームソーダ

Ripe banana

材料（1杯分）

完熟バナナシロップ ………… 50㎖
炭酸水 ……………………… 150㎖
氷 ………………………… 適量
バニラアイス ……………… 適量
ミント ……………………… 適量

作り方

1 計量カップに完熟バナナシロップ、炭酸水を入れ、そっと混ぜる。

2 グラスに氷を入れる。

3 *1*の炭酸水をそっと注ぐ。

4 バニラアイスをのせ、完熟バナナシロップの果肉1切れ（分量外）、ミントを添える。

完熟バナナシロップ

材料（作りやすい分量）

A ┃ 水 …………………… 50㎖
　┃ 砂糖 ………………… 50g
　┃ メープルシロップ ………… 50g

バナナ（完熟） ……………… 100g
シナモンスティック ………… 適量
陳皮 ……………………… 小さじ2

上／完熟バナナシロップは、できあがってから冷蔵で1週間程度保存可能です。
下／陳皮はみかんの皮を乾燥させたものです。ネットなどで購入できます。

作り方

1 小鍋にAを入れて中火にかけ、混ぜながら沸騰させる。極弱火にして、砂糖が完全に溶けて透明になるまで混ぜながら煮て、火を止める。

2 バナナはひと口大に切り、煮沸消毒した耐熱密閉容器に入れる。

3 粗熱がとれたら、*1*の砂糖水を*2*に注ぐ。

4 シナモン、陳皮を加え、1週間ほど冷蔵庫に置く。

甘くて冷たい雪原でいちごは夢を見ている。
夢の中ではきっとピスタチオの雪が降るんだ。

いちごのヨーグルト
カッサータ

Strawberry yogurt cassata

材料（16×7×高さ6cmのパウンド型1台分）

プレーンヨーグルト	………………………	400g

A	グラニュー糖	………………………	80g
	はちみつ	………………………	20g
	レモン果汁	………………………	小さじ2

いちご	………………………………	適量
ピスタチオ	………………………	適量

作り方

1 ボウルにキッチンペーパーを敷いたザルを重ね、ヨーグルトを流し入れる。

2 ラップをして冷蔵庫で一晩置き、約半量になるまで水切りする。

3 2の水切りヨーグルトにAを加えて混ぜ、型に流し入れる。

4 いちごをひと口大に切り、3の中央にバランスよく入れる。

5 冷凍庫で半日ほど冷やし固める。

6 好みの厚さに切って器に盛り、ひと口大に切ったいちごと砕いたピスタチオをのせる。

甘いはちみつの川が流れる
アップルマウンテンでは、
クリームチーズの雪が
一年中積もっているんだって。

ホイップチーズを添えた
焼きりんご

Baked apple with whipped cheese

材料（1〜2人分）

りんご	………………	1個
バター	………………	30g

A	はちみつ	………………	20g
	シナモンパウダー	………………	少々

B	生クリーム	………………	150mℓ
	クリームチーズ（常温に戻す）		
	………………	50g

C	ミント	………………	適量
	くるみ（ローストして砕く）		
	………………	適量
	ブラックペッパー	………………	適量
	はちみつ	………………	適量

1

りんごは皮つきのままよく洗い、芯をくりぬく。

2

バターは耐熱容器に入れ、電子レンジで20〜30秒加熱して溶かし、Aを加えて混ぜ合わせる。

3

りんごは4等分の輪切りにして天板にのせ、*2*をハケで両面にしっかり塗る。

4

200℃に予熱したオーブンで20分ほど焼く。様子を見て、しんなりして焼き目がついたら取り出す。

5

ボウルにBを入れ、泡立て器で8分立てにする。

6

*4*のりんごを器に盛り、*5*をスプーンで形を整えてのせ、Cを順にトッピングする。

Chapter *6*

特別な日

Special day

紅白のクリームソーダ

1月1日は新しい一年との出会いの日。
華やかな出会いの先には必ず別れが待っているけれど、
それでも人は新しく出会ってしまうんだろうね。

材料（1杯分）

〈白色ソーダ〉
カルピス（原液）……………… 20mℓ
炭酸水 …………………………… 30mℓ

〈紅色ソーダ〉
グレナデンシロップ ……… 30mℓ
炭酸水 ………………………… 120mℓ

氷 …………………………………… 適量
バニラアイス …………………… 適量
ホイップクリーム ……………… 適量
いちご …………………………… 1個
ミント …………………………… 適量

作り方

1　白色ソーダ、紅色ソーダの材
　料をそれぞれ別の計量カップ
　に入れ、そっと混ぜる。

2　グラスに白色ソーダを注ぎ、
　氷をそっと入れる。

3　紅色ソーダをそっと注ぐ。

4　バニラアイスをのせ、ホイップ
　クリームをしぼり、いちごとミ
　ントを飾る。

円は縁。
甘いチョコと浮かべた縁が
どうかずっと続きますように。

2月14日の
オランジェット風
クリームソーダ

Valentine's Day

材料（1杯分）

ホワイトチョコレート ……… 適量
金柑（薄切り）……………… 適量
金柑シロップ ……………… 50㎖
炭酸水 ……………………… 150㎖
氷 …………………………… 適量
チョコレートアイス ……… 適量

作り方

1 ホワイトチョコレートは湯せんで溶か
し、金柑の半分ほどにつけて固める。

2 計量カップに濾した金柑シロップ
と炭酸水を入れ、そっと混ぜる。

3 グラスに氷を入れながら、金柑シ
ロップの果肉適量（分量外）をバラ
ンスよく差し込む。

4 *2* の炭酸水をそっと注ぐ。

5 チョコレートアイスをのせ、*1* の金
柑を添える。

金柑を差し込む時は
ピンセットを使うと
やりやすいです。

金柑シロップ

材料（作りやすい分量）

金柑 ………………………… 6～7個

A｜水 ……………… 金柑の半量
　｜砂糖 …………… 金柑と同量
　｜シナモンスティック ……… 1本

作り方

1 金柑は水で丁寧に洗い、薄切りに
して種をとる。

2 小鍋に *1* とAを入れて中火にかけ、
混ぜながら沸騰させる。極弱火に
して15～20分、とろみがついてツ
ヤが出るまで煮詰める。

3 粗熱がとれたら、煮沸消毒した耐
熱密閉容器に *2* を入れ、一晩冷暗
所に置く。

金柑シロップは冷蔵
で1週間程度保存可
能です。

ハロウィンのクリームソーダ

Halloween

今宵はハロウィン。

グラス片手に仮装をして月明かりの下で踊ろうよ。

ところであなたは誰？

材料（1杯分）

〈オレンジ色ソーダ〉
黄色シロップ
 …… 17.5mℓ（小さじ3と½）
赤色シロップ
 …… 2.5mℓ（小さじ½）
炭酸水 …… 30mℓ

〈紫色ソーダ〉
青色シロップ …… 5mℓ
赤色シロップ …… 15mℓ
炭酸水 …… 130mℓ

氷 …… 適量
バニラアイス …… 適量
ドレンチェリー（緑）…… 1個
ミント …… 適量

作り方

1 オレンジ色ソーダ、紫色ソーダの材料をそれぞれ別の計量カップに入れ、そっと混ぜる。

2 グラスにオレンジ色ソーダを注ぎ、氷をそっと入れる。

3 紫色ソーダを⅓量ほどそっと注いだら、グラスを持ち、円を描くように軽く回してグラデーションを作る。

4 紫色ソーダの残りを、下の炭酸水と混ざりすぎないようにそっと注ぐ。

5 バニラアイスをのせ、ドレンチェリーとミントを添える。

グラデーションを作る時は、手首のスナップを使って軽く回してください。

大人の無限杏仁豆腐

Addictive almond jelly

幸せは分け合うことができないけれど、
共に過ごす時間は大切な人と分け合える。
なんでもない日も特別な日になる。

材料
（直径15cmの底の抜けないタイプの丸型1台分）

A	水 ·································	100㎖
	砂糖 ·································	40g

粉寒天 ·································	3g
牛乳（常温に戻す）·················	200㎖
アマレット ·································	50㎖
ホイップクリーム ·················	適量
さくらんぼ ·································	6個

作り方

1 小鍋にAを入れて中火にかけ、ゆっく
り混ぜながら沸騰させる。

2 極弱火にして寒天を入れ、透明感が
出るまで、混ぜながら1〜2分煮詰め
て火を止める。

3 牛乳とアマレットを加えて混ぜ、型
に流し入れる。粗熱がとれたら、冷
蔵庫で2時間ほど冷やし固める。

4 竹串で周りを1周して型から出し、ホ
イップクリームを6か所にしぼり、そ
の上にさくらんぼをのせる。

特別な日の
モンブランパフェ

Special mont blanc parfait

終わりのない、
長い夜を過ごすあなたへ。
少しだけ瞼を閉じて
甘い夢を。

材料（1人分）

カステラ ················· 1〜2切れ
マロンペースト ············· 適量
栗の甘露煮 ················ 5〜6個
コーヒー（濃いめ） ········· 15ml
ビスケット ·················· 1枚
ホイップクリーム ············ 適量
アーモンドダイス ············ 適量
ミント ···················· 適量
粉糖 ······················ 適量

作り方

1 グラスにひと口大に切ったカ
ステラを半量ほど入れる。

2 カステラが見えなくなるまでマ
ロンペーストを入れる。

3 栗の甘露煮2〜3個とカステラ
の残りをのせ、表面が平らに
なるようマロンペーストを重ね
る。

4 コーヒーをカステラにかかるよ
うに回し入れる。

5 ビスケットを砕きながらちらし、
中央に栗の甘露煮を2〜3個
のせ、栗を隠すようにホイッ
プクリームをしぼる。

6 アーモンドダイスを振り、栗
の甘露煮とミントを添えて、
粉糖を振る。

マロンペースト

材料（2人分）

栗の甘露煮 ················ 100g
生クリーム ················ 100ml
砂糖 ······················ 15g

作り方

1 耐熱容器に栗の甘露煮を入れ、
ふんわりとラップをして電子レ
ンジで2分ほど加熱する。

2 フードプロセッサーに *1*、生
クリーム50mlを、砂糖を入れて
なめらかになるまで攪拌する。

3 ザルで濾す。

4 生クリーム50mlを泡立て器で
8分立てにし、*3* に少しずつ
加え、混ぜ合わせる。

上／*3* の時にマロンペーストで平らに
することで、そのあとのトッピングがや
りやすくなります。
下／コーヒーは下のカステラにも染み
込むよう、隙間から回し入れます。

カヌレ型で作る
デザート3種

Cannelé shaped three desserts

甘い香りは幻想、誘惑、夢現。
同じ形をしていても、
あなたはあなたで私は私。
さあ、今日はどれにする？

ラム酒の香るカヌレ

Rum cannelé

ラムの香りに誘われて、
サクリとひとたび口に入れると
広がる甘い幻想。

材料（直径4.5×高さ4.5cmのシリコン製カヌレ型9個分）

A	牛乳	245mℓ		バター		15g
	きび砂糖	35g				
	グラニュー糖	85g	C	全卵	½個分	
				卵黄	1個	

バニラビーンズペースト
　　　1.5g（バニラエッセンス数滴でもOK）　　　ラム酒 　　　10mℓ

B | 薄力粉 　　　20g
　 | 強力粉 　　　40g

作り方

1

小鍋にAを入れて弱火にかけ、混ぜながら温める。砂糖がしっかり溶けたら火を止め、バニラビーンズペーストを加え、粗熱をとる。

2

Bを一緒にふるい、ボウルに入れる。

*1*を*2*のボウルに2〜3回に分けて加え、その都度、泡立てないようにゴムベラで優しく混ぜる（だまが残った状態でOK）。

フライパンにバターを入れて弱火にかけ、軽く揺すりながら茶色になるまで加熱して、粗熱をとる。

別のボウルにCを溶きほぐし、*4*、ラム酒を加え、泡立てないようにゴムベラで優しく混ぜる。

*5*を*3*に加えて優しく混ぜ、冷蔵庫で8時間以上寝かせる。

シリコンのカヌレ型の内側に溶かしバター（分量外）を刷毛で塗る。

*6*の生地を濾す。

*7*の型に等分に流し入れる。

天板にのせ、240℃で予熱したオーブンに入れ、230℃で5分、210℃にして30分焼く。

透明なカヌレゼリー

Cannelé shaped clear jelly

赤い果実の宝石は
甘くて長い夜への招待状。
甘美な誘惑に惑わされよう。

材料（直径4.5×高さ4.5cmのシリコン製カヌレ型6〜8個分）

A	砂糖	25g
	粉寒天	2g
	水	300mℓ

いちご ……………………… 好きなだけ

作り方

1　小鍋にAを入れて中火にかけ、ゆっくり混ぜながら沸騰させる。

2　極弱火にして、透明感が出るまで、混ぜながら1〜2分煮詰めて火を止める。

3　シリコンのカヌレ型に等分に流し入れる。

4　いちごを好みの形に切って3のゼリーに加え、冷蔵庫で2時間ほど冷やし固める。

ほろ苦いカラメルと甘いプリンは
まるで夢と現のよう。
そっとスプーンですくうのは、どっち？

喫茶店のカヌレプリン

Cannelé shaped cafe pudding

材料(直径4.5×高さ4.5cmのシリコン製カヌレ型4個分)

〈カラメル〉
砂糖 ……………………… 25g
水 …………… 20㎖ (小さじ4)

〈プリン液〉
A | 全卵 ……………… ½個分
　 | 卵黄 ……………………… 1個

グラニュー糖 ……………… 25g

B | 牛乳 ……………… 125㎖
　 | バニラビーンズペースト
　 | ……………… 小さじ¼
　 | (バニラエッセンス数滴でも
　 | OK)

作り方

1　フライパンに砂糖、水小さじ1を入れて、混ぜながらカラメル色になるまで加熱する。

2　火を止めて粗熱がとれたら、残りの水小さじ3を入れて混ぜ、シリコンのカヌレ型に等分に流し入れる。

3　ボウルにAを溶きほぐし、グラニュー糖12.5gを入れ、しっかり混ぜる。

4　小鍋に残りのグラニュー糖12.5gとBを入れて弱火にかけ、混ぜながら沸騰しないように温める。しっかり溶けたら火を止める。

5　*3*のボウルに*4*を少しずつ加え、その都度混ぜる。濾して、型に等分に流し入れる。

6　高さのあるバットにキッチンペーパーを敷いて型をのせ、人肌より少し温かい湯(分量外)を高さ2cmほど注ぐ。

7　160℃に予熱したオーブンで30分蒸し焼きにする。粗熱がとれたら、冷蔵庫で冷やす。

ティーフロート

お茶フロート

材料（1杯分）

水 ……………………… 200mℓ
煎茶 ……………………… 6g
氷 ……………………… 適量

A｜炭酸水 …………… 120mℓ
　｜ガムシロップ …… 小さじ2
　｜レモン果汁 ……… 小さじ1

バニラアイス …………… 適量
さくらんぼ ……………… 1個
レモン（くし形切り）…… 1切れ

作り方

1 水を沸騰させて50℃くらいになるまで冷まし、煎茶を入れて一晩冷蔵庫に置く。

2 グラスに1のお茶を80mℓ注ぎ、氷をそっと入れる。

3 計量カップにAを入れ、そっと混ぜる。

4 2のグラスに3をそっと注ぐ。

5 バニラアイスをのせ、さくらんぼとレモンを添える。

ラズベリーティーフロート

材料（1杯分）

水 ……………………… 200mℓ

A｜ラズベリーティーの
　｜　ティーバッグ …… 1袋
　｜ガムシロップ … 小さじ2

氷 ……………………… 適量
バニラアイス …………… 適量
ミント ……………………… 適量

作り方

1 水を沸騰させてAを入れて5分ほど蒸らし、ティーバッグを取り出して冷ます。

2 グラスに氷を入れる。

3 1をそっと注ぐ。

4 バニラアイスをのせ、ミントを添える。

　クリームソーダが飲みたいけ
れど、炭酸が苦手という声を聞
くことがあります。そんな方にも
楽しんでいただけるよう、ここで
はクリームフロートのレシピをご
紹介しました。
　緑茶とラズベリーティー以外に

も、紅茶やハーブティー、中国
茶など、お茶の可能性はまだま
だ無限大。ティーフロートには
シャーベットなど、甘さ控えめの
アイスも合います。ぜひオリジナ
ルの組み合わせにもチャレンジ
してみてください。

旅する喫茶
TABI SURU KISSA

おわりに

Epilogue

2021 年 3 月、夢の第一歩である
『旅する喫茶』の旅の拠点がオープンしました。
何もない状態から壁や内装にもこだわり、
テーブル、椅子、小物なども
自分たちで 1 つずつ集めて作ったお店です。
大変なこともありますが、お客様やスタッフ、
かかわってくださるたくさんの方のおかげで
日々学び、新しい可能性を感じながら運営しています。

クリームソーダ職人として活動していますが、
僕の目標はクリームソーダだけでなく、
みなさんに幸せな空間、時間を提供すること。
小さい頃に祖父母に連れて行ってもらった喫茶店で
クリームソーダを飲んだ記憶が
今でも僕の心の中に残っているように、
素敵な思い出を作るお手伝いができたらと思っています。

この本もみなさんが幸せな空間、時間を過ごす時に
少しでもお役立ていただけたらとてもうれしいです。

tsunekawa

店舗情報

旅する喫茶

住所：東京都杉並区高円寺南4-25-13 2F
営業時間：12:00 - 20:00(LO19:30)
定休日：月曜日
HP：https://tabisurukissa.com/

※WEBでの当日予約制です。
　詳細はHPをご確認ください。

撮影 ……………………………… tsunekawa
フードスタイリング ………………… 茂庭 翠
フードスタイリングアシスタント …… 宮田美沙紀
フードコーディネート ……………… 井上裕美子（エーツー）
アートディレクション ……………… 細山田光宣
デザイン …………………………… 鎌内 文（細山田デザイン事務所）
校正 ………………………………… 東京出版サービスセンター
編集 ………………………………… 森 摩耶　金城琉南（ワニブックス）

空色の喫茶店 Recipe

2021年8月20日　初版発行
2023年5月10日　3版発行

著者 ………… tsunekawa

発行者 …… 横内正昭

編集人 …… 青柳有紀

発行所 …… 株式会社ワニブックス
　　　　　　〒150-8482
　　　　　　東京都渋谷区恵比寿4-4-9
　　　　　　えびす大黒ビル

　　　　　　電話　03-5449-2711（代表）
　　　　　　　　　03-5449-2716（編集部）

　　　　　　ワニブックスHP
　　　　　　http://www.wani.co.jp/
　　　　　　WANI BOOKOUT
　　　　　　http://www.wanibookout.com/

印刷所 …… 大日本印刷株式会社

DTP ……… 株式会社オノ・エーワン

製本所 …… ナショナル製本